Impressum
Verlag: BABADADA GmbH, Nedderfeld 112 , 22529 Hamburg
Geschäftsführer / Verlagsleitung: Harald Hof
Druck: Books on Demand GmbH, In de Tarpen 42, 22848 Norderstedt

Imprint
Publisher: BABADADA GmbH, Nedderfeld 112 , 22529 Hamburg, Germany
Managing Director / Publishing direction: Harald Hof
Print: Books on Demand GmbH, In de Tarpen 42, 22848 Norderstedt

shule

koulu

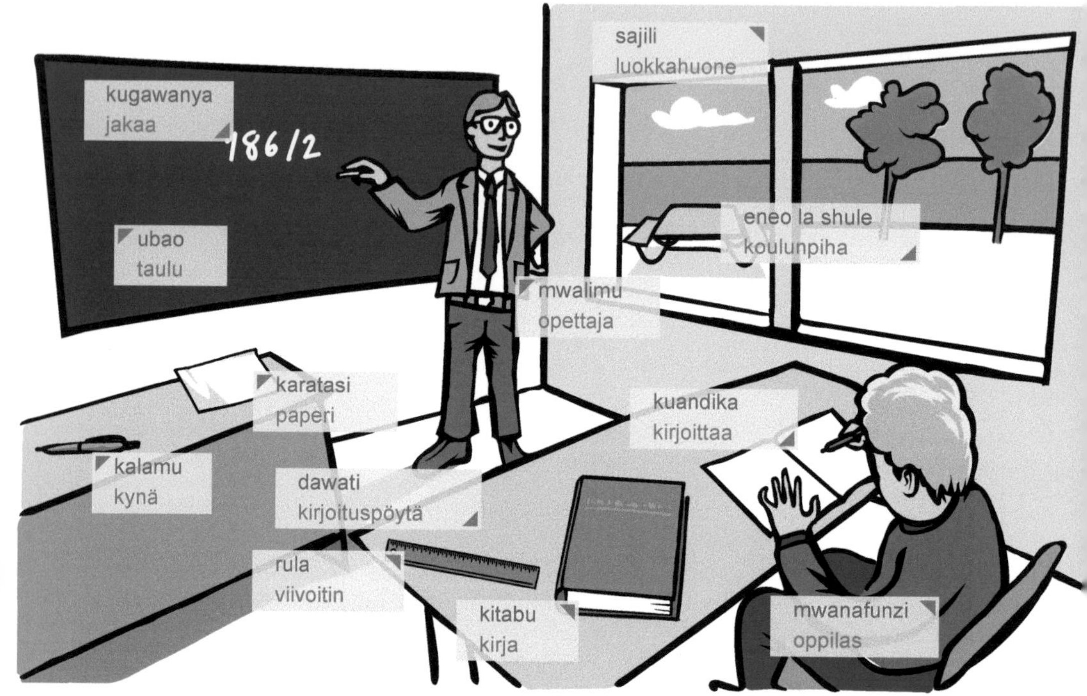

sajili
luokkahuone
kugawanya
jakaa
186/2
ubao
taulu
eneo la shule
koulunpiha
mwalimu
opettaja
karatasi
paperi
kuandika
kirjoittaa
kalamu
kynä
dawati
kirjoituspöytä
rula
viivoitin
kitabu
kirja
mwanafunzi
oppilas

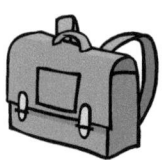

mkoba

reppu

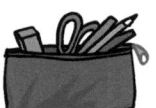

kikasha cha penseli

penaali

penseli

lyijykynä

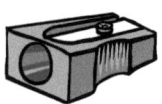

kichonga penseli

kynänteroitin

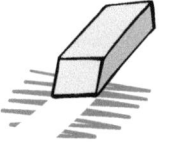

mpira

pyyhekumi

pedi ya kuchora

piirustuslehtiö

uchoraji
....
piirustus

brashi ya rangi
....
pensseli

sanduku la rangi
....
vesivärit

mkasi
....
sakset

gundi
....
liima

daftari
....
harjoituskirja

kazi ya nyumbani
....
kotitehtävä

nambari
....
luku

jumlisha
....
lisätä

ondoa
....
vähentää

zidisha
....
kertoa

kokotoa
....
laskea

barua
....
kirjain

alfabeti
....
aakkoset

neno
....
sana

maandishi

teksti

kusoma

lukea

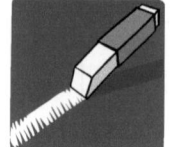

chaki

liitu

somo

oppitunti

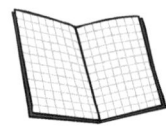

sajili

opettajan muistikirja

uchunguzi

koe

cheti

todistus

sare za shule

koulupuku

elimu

koulutus

elezo

sanakirja

chuo kikuu

yliopisto

darubini

mikroskooppi

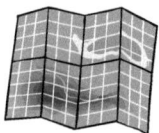

ramani

kartta

kikapu cha kuweka karatasi
chafu

roskakori

usafiri
matka

hoteli
hotelli
Grand
hosteli
retkeilymaja
ROOMS
ofisi ya ubadilishanaji
rahanvaihto
CHANGE
sanduku
matkalaukku
gari
auto

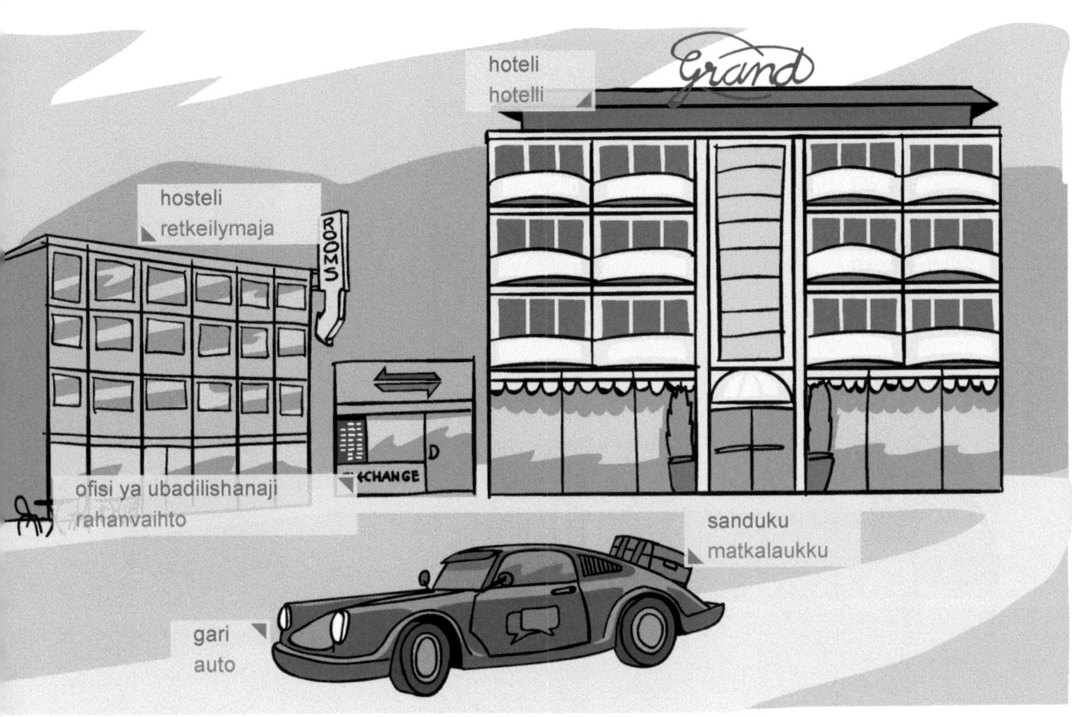

lugha

kieli

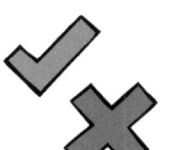

ndiyo / la

kyllä / ei

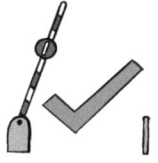

sawa

selvä

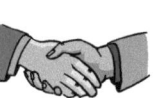

hujambo

hei

mtafsiri

tulkki

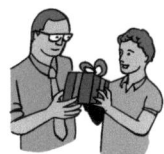

Asante

kiitos

kiasi gani ni ...?

Paljonko...maksaa?

Sielewi

en ymmärrä

tatizo

ongelma

Jioni njema!

Hyvää iltaa!

Habari za asubuhi!

Hyvää huomenta!

Usiku mwema!

Hyvää yötä!

kwa heri

näkemiin

mwelekeo

suunta

mizigo

matkatavarat

mfuko

laukku

shanta

reppu

mgeni

vieras

chumba

huone

begi la kulalia

makuupussi

hema

teltta

taarifa ya utalii
....
turisti-info

ufuo
....
ranta

kadi
....
luottokortti

kifunguakinywa
....
aamupala

chakula cha mchana
....
lounas

chakula cha jioni
....
päivällinen

tiketi
....
matkalippu

kuinua
....
hissi

muhuri
....
postimerkki

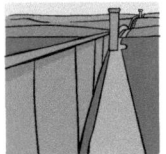

mpaka
....
raja

mila
....
tulli

ubalozi
....
suurlähetystö

visa
....
viisumi

pasipoti
....
passi

usafiri
kuljetus

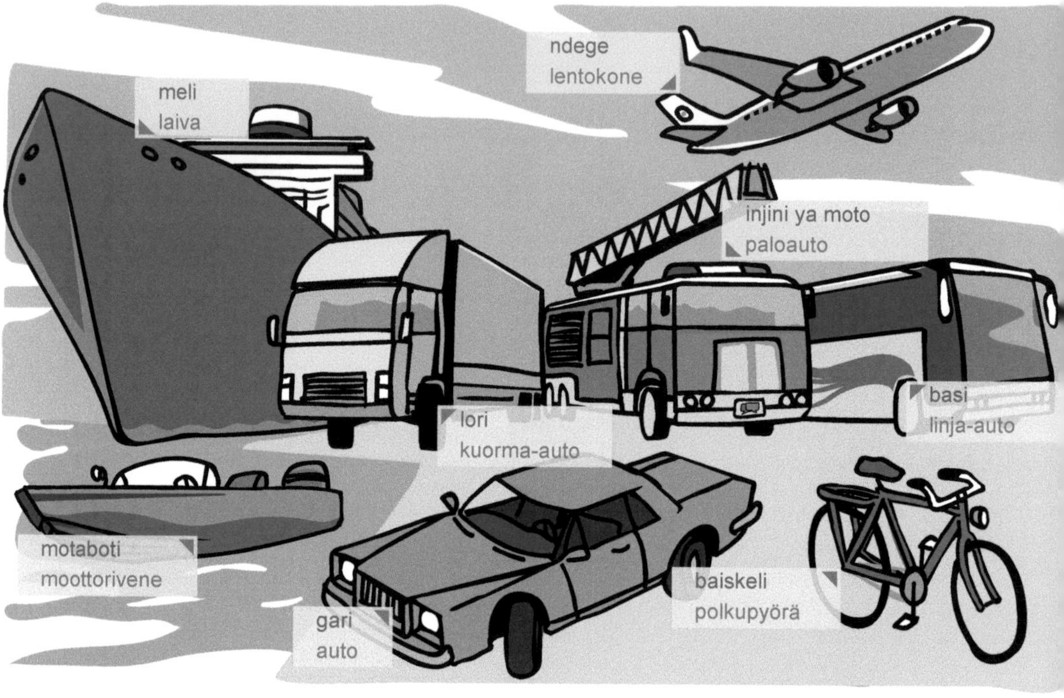

ndege
lentokone
meli
laiva
injini ya moto
paloauto
basi
linja-auto
lori
kuorma-auto
motaboti
moottorivene
baiskeli
polkupyörä
gari
auto

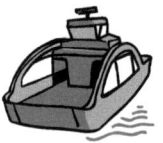

feri

lautta

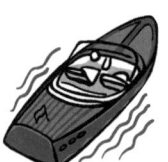

mashua

vene

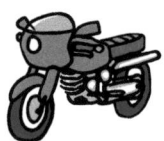

pikipiki

moottoripyörä

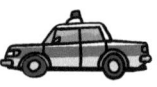

gari la polisi

poliisiauto

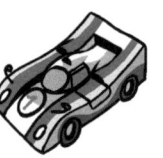

gari la mashindano

kilpa-auto

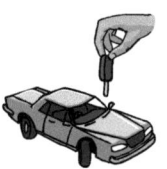

gari la kukodisha

vuokra-auto

kushiriki gari

car sharing

lori la kuvuta

hinausauto

ukusanyaji taka

roska-auto

motor

moottori

mafuta

polttoaine

kituo cha mafuta

huoltoasema

ishara trafiki

liikennemerkki

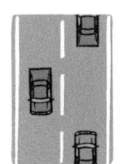

trafiki

liikenne

msongamano

ruuhka

maegesho

parkkipaikka

kituo cha treni

rautatieasema

reli

raiteet

garimoshi

juna

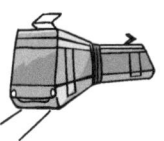

tremu

raitiovaunu

gari la mizigo

vaunu

helikopta

helikopteri

uwanja wa ndege

lentokenttä

mnara

lähilennonjohto

abiria

matkustaja

chombo

kontti

katoni

pahvilaatikko

mkokoteni

kärryt

kikapu

kori

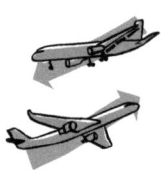

ondoka

nousta / laskea

jiji

kaupunki

kijiji

kylä

katikati ya jiji

keskusta

nyumba

talo

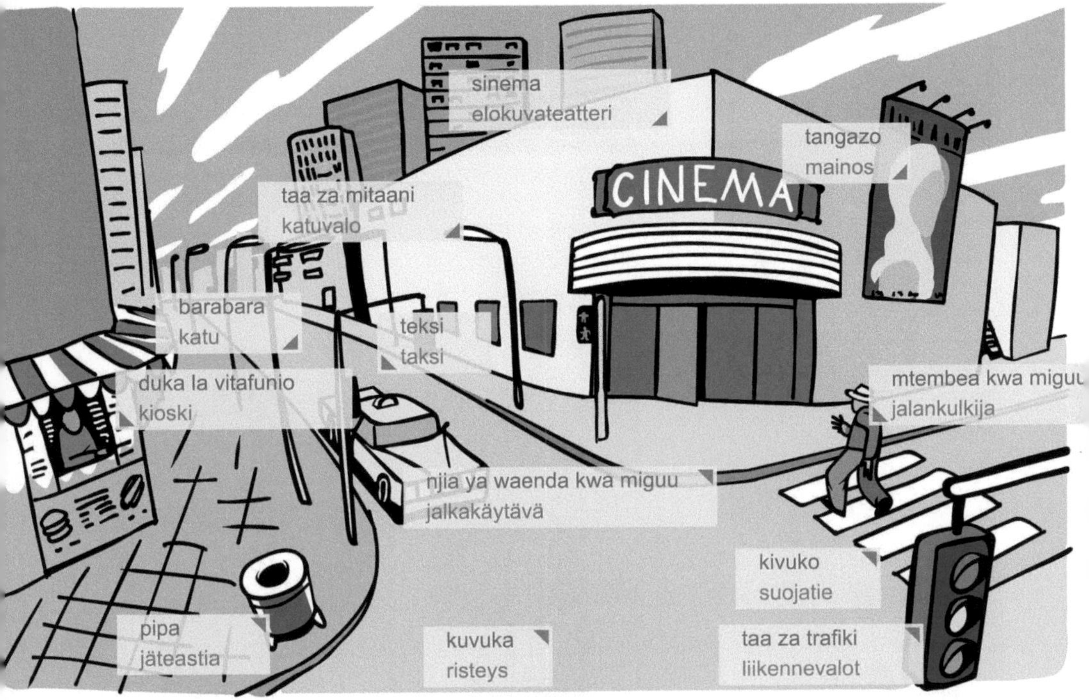
sinema
elokuvateatteri
CINEMA
tangazo
mainos
taa za mitaani
katuvalo
barabara
katu
teksi
taksi
duka la vitafunio
kioski
mtembea kwa miguu
jalankulkija
njia ya waenda kwa miguu
jalkakäytävä
kivuko
suojatie
pipa
jäteastia
kuvuka
risteys
taa za trafiki
liikennevalot

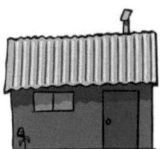

kibanda

mökki

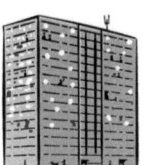

gorofa

kerrostalo

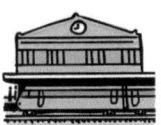

kituo cha treni

rautatieasema

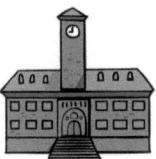

ukumbi wa mji

kaupungintalo

MUSEUM

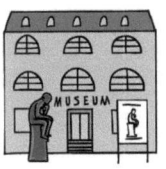

Makavazi

museo

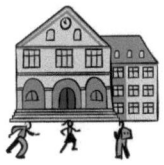

shule

koulu

chuo kikuu

yliopisto

benki

pankki

hospitali

sairaala

hoteli

hotelli

duka la dawa

apteekki

ofisi

toimisto

duka la kitabu

kirjakauppa

duka

liike

duka la maua

kukkakauppa

dukakuu

supermarketti

soko

tori

idara ya kuhifadhi

tavaratalo

mwuza samaki

kalakauppias

kituo cha ununuzi

ostoskeskus

bandari

satama

Hifadhi

puisto

benki

penkki

daraja

silta

vidato

portaat

chini ya ardhi

metro

handaki

tunneli

kituo cha mabasi

linja-autopysäkki

bar

baari

mgahawa

ravintola

sanduku la posta

postilaatikko

ishara ya barabara

katukyltti

mita ya maegesho

parkkimittari

bustani ya wanyama

eläintarha

kidimbwi cha kuogelea

uimala

msikiti

moskeija

shamba
maatila

uchafuzi
ympäristön saastuminen

makaburini
hautausmaa

kanisa
kirkko

uwanja wa michezo
leikkikenttä

hekalu
temppeli

mazingira
maisema

jani
lehti

ishara ya mwelekeo
tienviitta

njia
tie

malisho
niitty

jiwe
kivi

mtembeaji wa masafa
retkeilijä

mti
puu

mto
joki

nyasi
ruoho

ua
kukka

bonde

laakso

kilima

vuori

ziwa

järvi

msitu

metsä

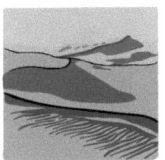

jangwa

aavikko

volkano

tulivuori

ngome

linna

upinde wa mvua

sateenkaari

uyoga

sieni

mtende

palmu

mbu

hyttynen

kuruka

kärpänen

chungu

muurahainen

nyuki

mehiläinen

buibui

hämähäkki

mende

kovakuoriainen

chura

sammakko

kuchakuro

orava

nungunungu

siili

sungura

jänis

bundi

pöllö

ndege

lintu

swan

joutsen

nguruwe mwitu

villisika

kulungu

peura

aina ya kongoni

hirvi

bwawa

pato

tabo ya upepo

tuulimylly

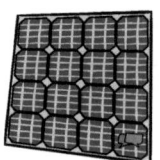

nishaji ya jua

aurinkopaneeli

hali ya hewa

ilmasto

mgahawa
ravintola

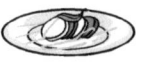

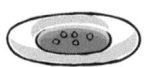

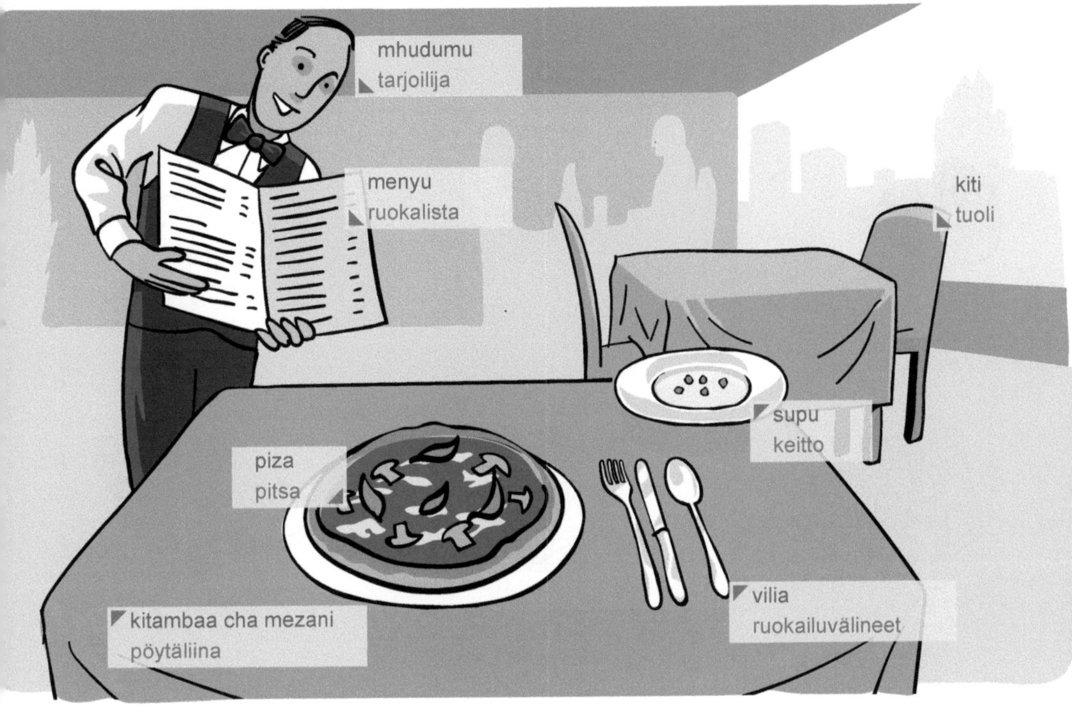
mhudumu
tarjoilija
menyu
ruokalista
kiti
tuoli
supu
keitto
piza
pitsa
vilia
ruokailuvälineet
kitambaa cha mezani
pöytäliina

kiamsha hamu

alkuruoka

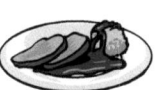

kozi kuu

pääruoka

kitindamlo

jälkiruoka

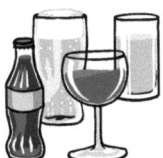

vinywaji

juomat

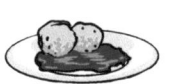

chakula

ruoka

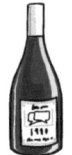

chupa

pullo

chakula cha haraka

pikaruoka

Streetfood

katuruoka

buli

teekannu

kisanduku cha sukari

sokeriastia

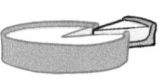

sehemu

annos

mashine ya espresso

espressokeitin

kiti kirefu

syöttötuoli

muswada

lasku

trei

tarjotin

kisu

veitsi

uma

haarukka

kijiko

lusikka

kijiko cha chai

teelusikka

nepi

servietti

glasi

lasi

sahani

lautanen

sahani ya supu

syvä lautanen

sufuria

aluslautanen

mchuzi

kastike

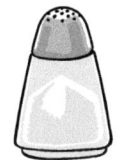

kichanyaji chumvi

suolasirotin

kinu cha pilipili

pippurimylly

siki

etikka

mafuta

öljy

viungo

mausteet

kechapu

ketsuppi

haradali

sinappi

kachumbari nzito

majoneesi

dukakuu

supermarketti

ofa maalum
tarjous
FOR
mteja
asiakas
maziwa
maitotuotteet
matunda
hedelmät
toroli
ostoskärryt

BUTCHERS

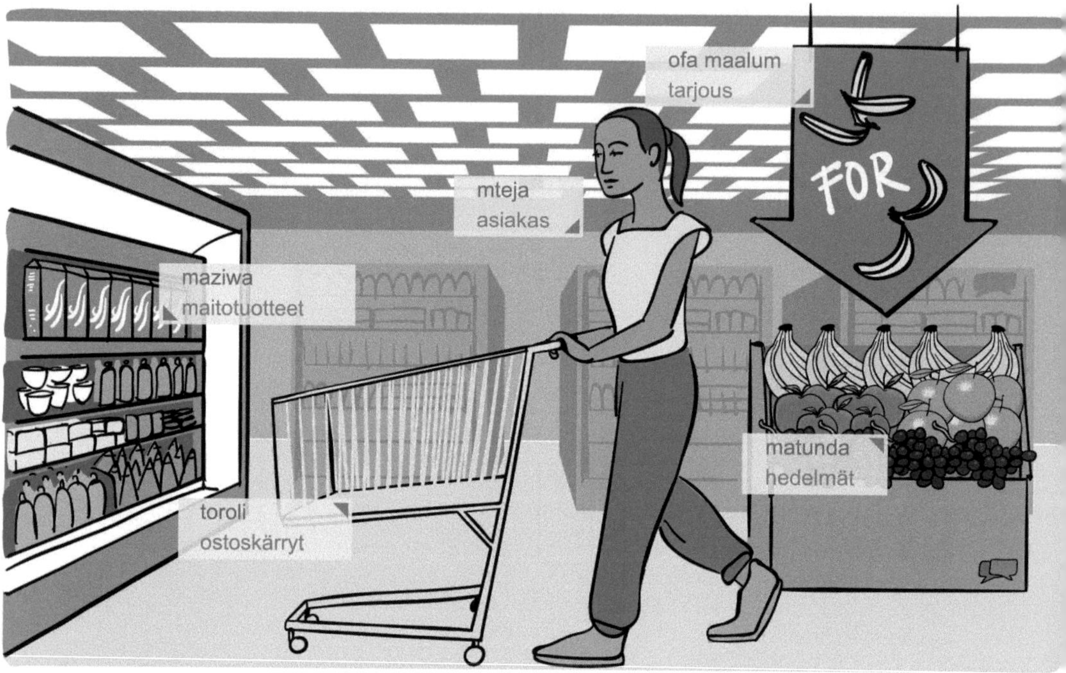

mchinjaji

teurastamo

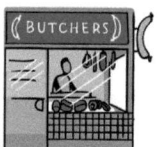

BAKERY

mwokaji

leipomo

uzito

punnita

mboga

kasvikset

nyama

liha

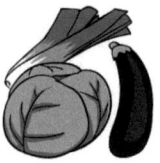

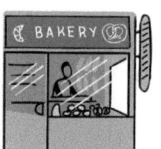

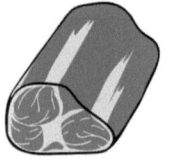

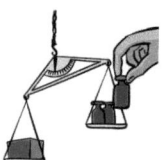

chakula waliohifadhiwa

pakasteet

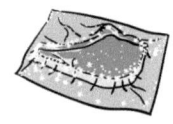

vipande vya nyama baridi

leikkele

chakula cha kopo

säilykkeet

sabuni ya unga

pesujauhe

pipi

makeiset

bidhaa za kaya

kotitaloustarvikkeet

bidhaa za kusafisha

puhdistusaineet

mtu mauzo

myyjä

mpaka

kassa

keshia

kassanhoitaja

orodha ya manunuzi

ostoslista

masaa ya ufunguzi

aukioloajat

mkoba

lompakko

kadi

luottokortti

mfuko

kassi

mfuko wa plastiki

muovipussi

maji

vesi

sharubati

mehu

maziwa

maito

coke

kokis

mvinyo

viini

bia

olut

pombe

alkoholi

kakao

kaakao

chai

tee

kahawa

kahvi

spreso

espresso

kapuchino

cappuccino

ndizi

banaani

tufaha

omena

machungwa

appelsiini

tikiti

meloni

lemon

sitruuna

karoti

porkkana

kitunguu saumu

valkosipuli

mianzi

bambu

kitunguu

sipuli

uyoga

sieni

karanga

pähkinät

nudo

spagetti

spageti

spagetti

mpunga

riisi

saladi

salaatti

vibanzi

ranskalaiset

viazi vya kukaanga

paistetut perunat

piza

pitsa

hambaga

hampurilainen

sandwichi

voileipä

kipande

leike

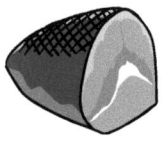

paja la mnyama

kinkku

salami

salami

soseji

makkara

kuku

kana

choma

paisti

samaki

kala

oats ya uji

kaurahiutaleet

muesli

mysli

cornflakes

murot

unga

jauho

kroisanti

voisarvi

andazi

sämpylä

mkate

leipä

mkate wa kubanika

paahtoleipä

biskuti

keksit

siagi

voi

maziwa mgando

rahka

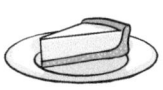

keki

kakku

yai

kananmuna

yai kukaanga

paistettu kananmuna

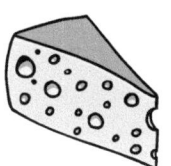

jibini

juusto

aiskrimu

jäätelö

sukari

sokeri

asali

hunaja

jemu

hillo

kuenea kwa chokoleti

suklaapähkinälevite

mchuzi wa viungo

curry

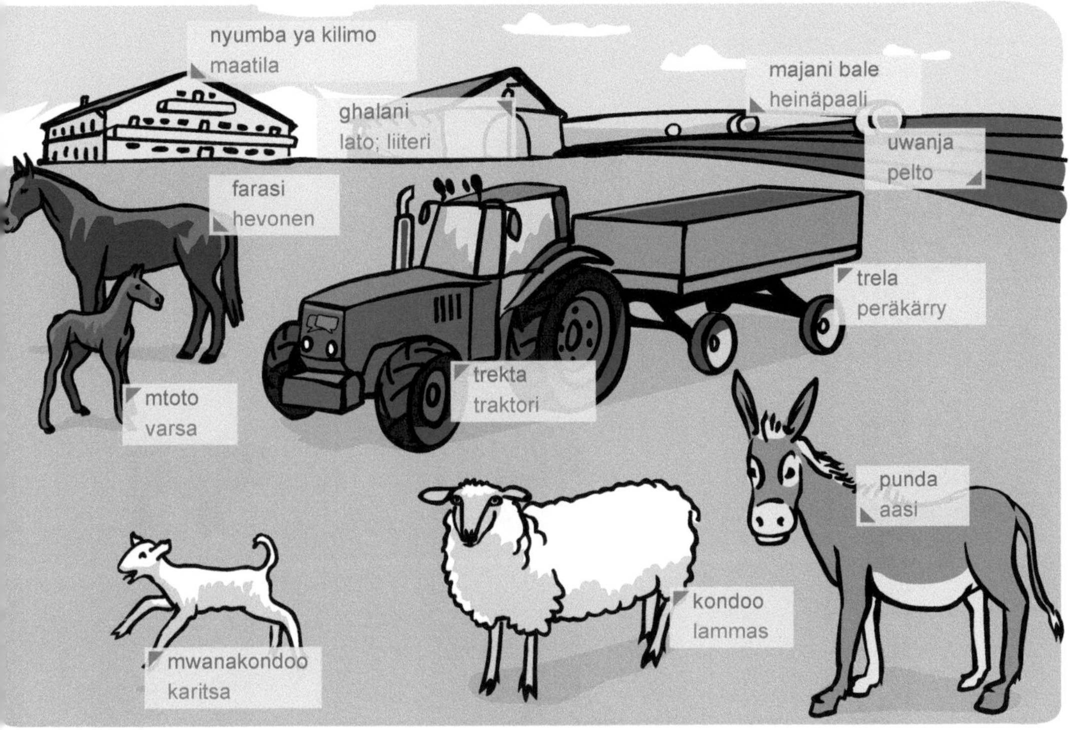

nyumba ya kilimo
maatila

majani bale
heinäpaali

ghalani
lato; liiteri

uwanja
pelto

farasi
hevonen

trela
peräkärry

mtoto
varsa

trekta
traktori

punda
aasi

kondoo
lammas

mwanakondoo
karitsa

mbuzi

vuohi

ng'ombe

lehmä

ndama

vasikka

nguruwe

sika

mwananguruwe

porsas

fahali

sonni

batabukini

hanhi

bata

ankka

kifaranga

tipu

kuku

kana

jogoo

kukko

panya

rotta

paka

kissa

panya

hiiri

ng'ombe

härkä

mbwa

koira

nyumba ya mbwa

koirankoppi

bomba la bustani

puutarhaletku

debe la kumwagilia maji

kastelukannu

fyekeo

viikate

kulima

aura

mundu

sirppi

jembe

kuokka

uma wa nyasi

talikko

shoka

kirves

toroli

kottikärryt

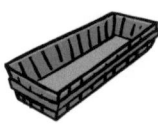

kupitia nyimbo

kaukalo

chombo cha maziwa

maitokannu

gunia

säkki

ua

aita

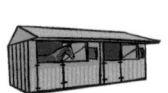

imara

talli

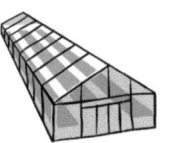

chafu

kasvihuone

udongo

maa

mbegu

siemen

mbolea

lannoite

kivunaji

leikkuupuimuri

mavuno

kerätä sato

mavuno

sato

viazi vikuu

jamssit

ngano

vehnä

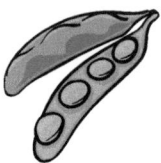

soya

soija

viazi

peruna

mahindi

maissi

rapa

rypsi

mti wa matunda

hedelmäpuu

muhogo

maniokki

nafaka

vilja

nyumba

talo

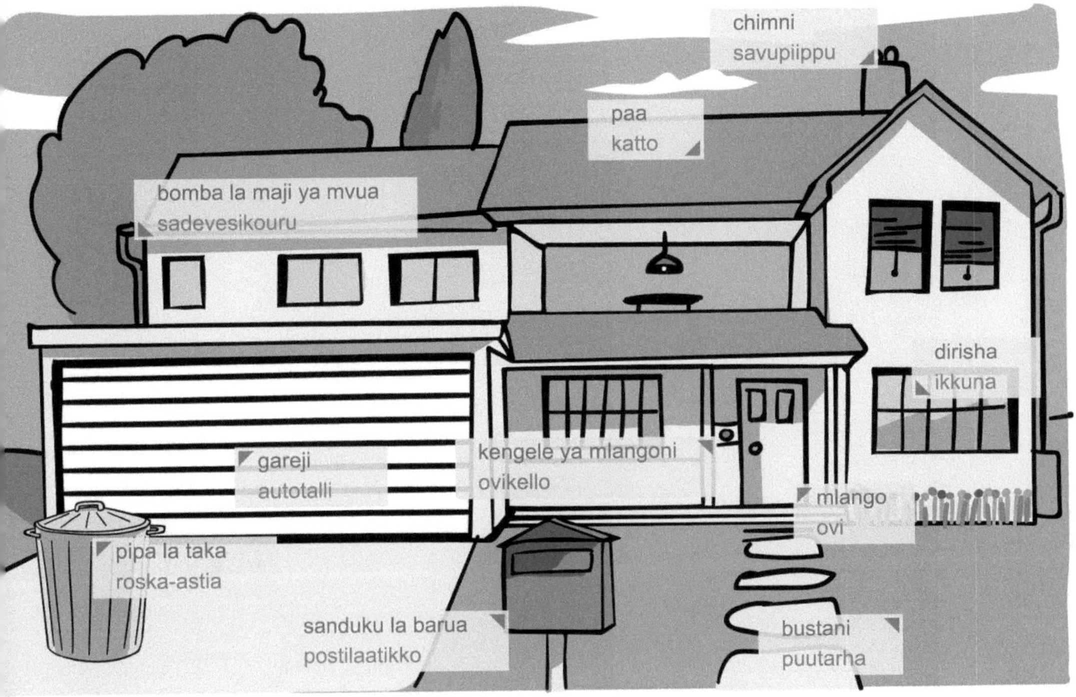

chimni
savupiippu
paa
katto
bomba la maji ya mvua
sadevesikouru
dirisha
ikkuna
gareji
autotalli
kengele ya mlangoni
ovikello
mlango
ovi
pipa la taka
roska-astia
sanduku la barua
postilaatikko
bustani
puutarha

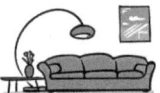

sebuleni

olohuone

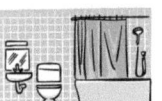

bafu

kylpyhuone

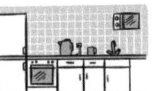

jikoni

keittiö

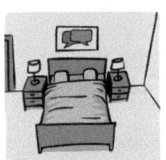

chumba cha kulala

makuuhuone

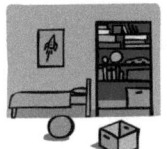

chumba ya mtoto

lastenhuone

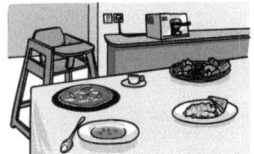

chumba cha kulia

ruokahuone

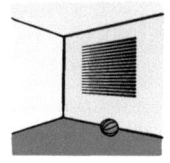

sakafu

lattia

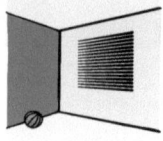

ukuta

seinä

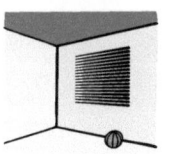

dari

katto

pishi

kellari

sauna

sauna

roshani

parveke

mtaro

terassi

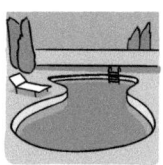

kidimbwi

uima-allas

mashine ya kukata nyasi

ruohonleikkuri

karatasi

lakana

kitambaa cha kupamba
kitanda

päiväpeitto

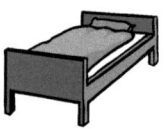

kitanda

sänky

ufagio

harja

ndoo

ämpäri

kubadili

katkaisin

sebuleni

olohuone

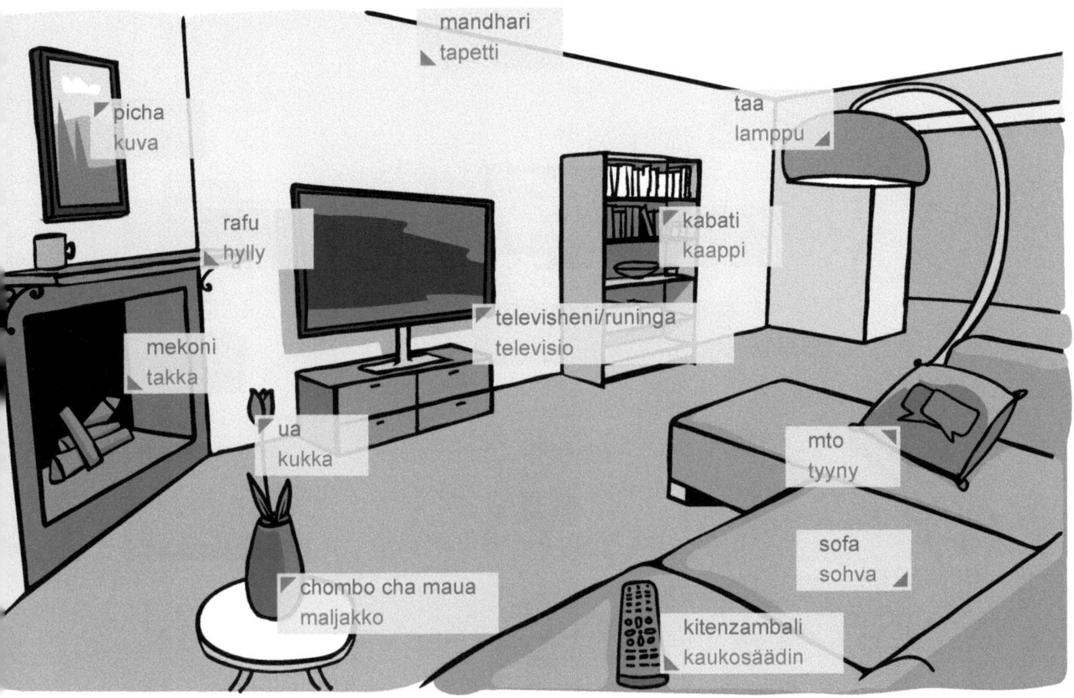
mandhari
tapetti
picha
kuva
taa
lamppu
rafu
hylly
kabati
kaappi
televisheni/runinga
televisio
mekoni
takka
ua
kukka
mto
tyyny
sofa
sohva
chombo cha maua
maljakko
kitenzambali
kaukosäädin

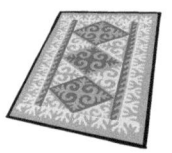

zulia

matto

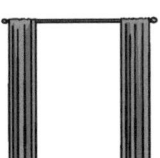

pazia

verho

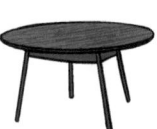

meza

pöytä

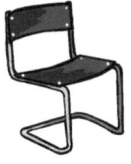

kiti

tuoli

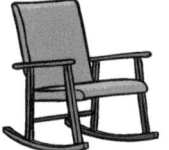

kiti cha bembea

keinutuoli

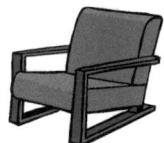

armchair

nojatuoli

kitabu

kirja

blanketi

peitto

mapambo

koriste

kuni

polttopuut

filamu

elokuva

kifaa cha hi-fi

stereot

ufunguo

avain

gazeti

sanomalehti

uchoraji

maalaus

bango

juliste

redio

radio

daftari

muistivihko

kifyonza

pölynimuri

dungusi kakati

kaktus

mshumaa

kynttilä

jikoni
keittiö

jokofu
jääkaappi
kikanza
mikroaaltouuni
wadogo jikoni
keittiövaaka
kibaniko
leivänpaahdin
sabuni
pesuaine
stovu
leivinuuni
friza
pakastinlokero
pipa la taka
roska-astia
mashine ya kuoshea vyombo
astianpesukone

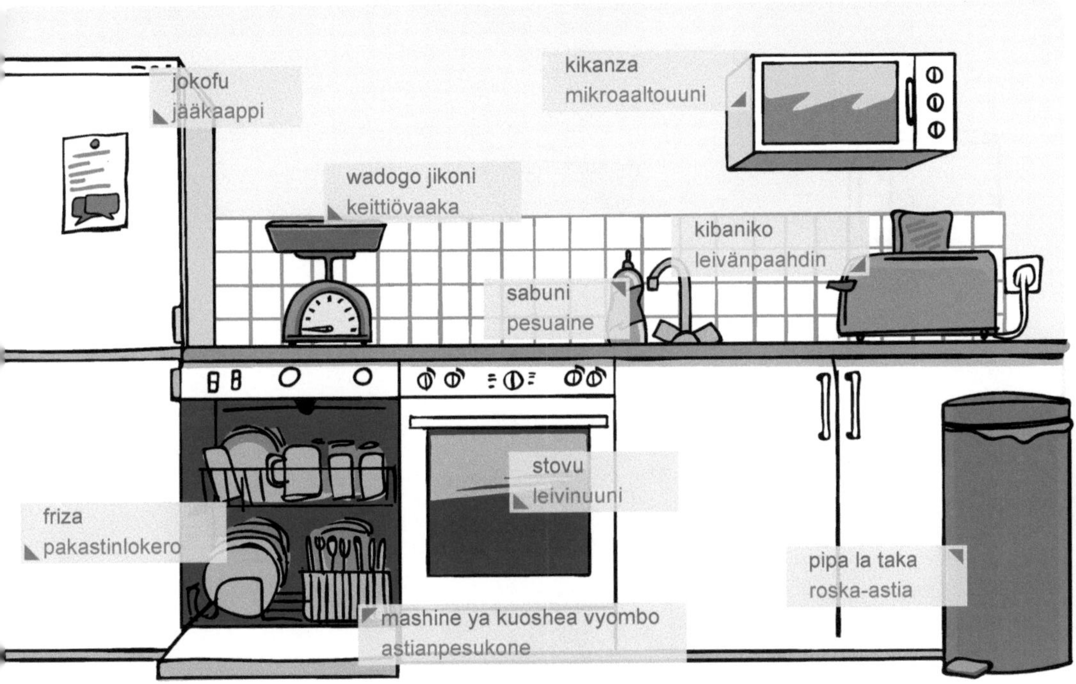

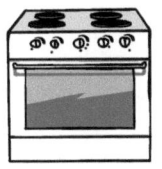

jiko la kupika

liesi

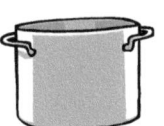

chungu

kattila

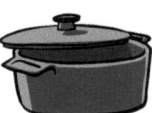

sufuria ya chuma

rautapata

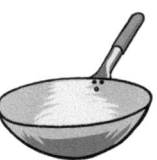

wok / kadai

vokkipannu / kadai-pannu

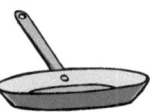

kaango

paistinpannu

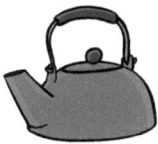

birika

teepannu

stima

höyrykeitin

sinia ya kuoka

uunipelti

vyombo vya udongo

astiat

kombe

muki

bakuli

kulho

vijiti vya kulia

syömäpuikot

ukawa

kauha

mwiko mpana

paistinlasta

burashi

vispilä

kichujio

siivilä

chujio

siivilä

mbuzi

raastin

chokaa

mortteli

barbeque

grilli

moto wazi

avotuli

ubao wa majaribio

leikkuulauta

kijiti cha kusukuma unga

kaulin

kizibuo

korkinavaaja

kopo

purkki

inaweza kopo

purkinavaaja

kishikio cha chungu

pannulappu

karo

lavuaari

brashi

tiskiharja

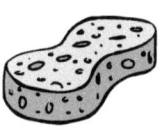

sifongo

pesusieni

kisagaji matunda

tehosekoitin

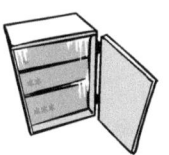

friji ya kina

pakastin

chupa ya mtoto

tuttipullo

bomba

vesihana

jikoni - keittiö

bafu
kylpyhuone

joto / lämmitys

mfereji wa kuogea / suihku

taulo / pyyhe

pazia la kuogea / suihkuverho

maji ya kuoga yenye povu / vaahtokylpy

hodhi / kylpyamme

glasi / lasi

mashine ya kuosha / pesukone

bomba / vesihana

vigae / kaakelit

poti / potta

karo / lavuaari

choo / vessa

choo cha squat / kyykkyvessa

beseni la mviringo / bidee

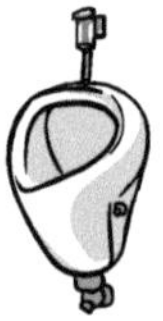

choo cha umma / pisuaari

shashi / vessapaperi

brashi ya choo / vessaharja

38   bafu - kylpyhuone

mswaki

hammasharja

dawa ya meno

hammastahna

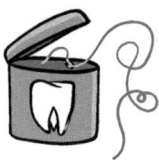

dawa ya meno

hammaslanka

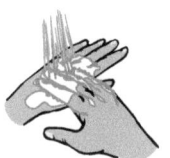

safisha

pestä

kuoga mkono

käsisuihku

msukumo wa maji

intiimisuihku

bonde

pesuvati

mpako wa pili

selkäharja

sabuni

saippua

jeli ya kuogea

suihkugeeli

shampuu

shampoo

flana

pesulappu

toa maji

viemäri

krimu

voide

kiondoa harufu

deodorantti

kioo

peili

kioo mkono

käsipeili

kinyozi

partaveitsi

povu la kunyoa

partavaahto

baada ya kunyoa

partavesi

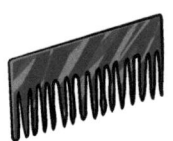

kichana

kampa

brashi

harja

kikausha nywele

hiustenkuivaaja

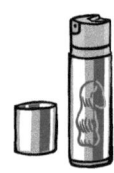

marashi ya nyewele

hiuslakka

vipodozi

meikki

kidomwa

huulipuna

varnish ya msumari

kynsilakka

pamba

pumpuli

mkasi wa kucha

kynsisakset

manukato

hajuvesi

mkoba wa kuosha

kosmetiikkalaukku

kinyesi

jakkara

mizani

vaaka

nguo ya kuoga

kylpytakki

glavu za mpira

kumihansikkaat

kisodo

tamponi

sodo

terveysside

kemikali choo

kemiallinen wc

chumba ya mtoto
lastenhuone

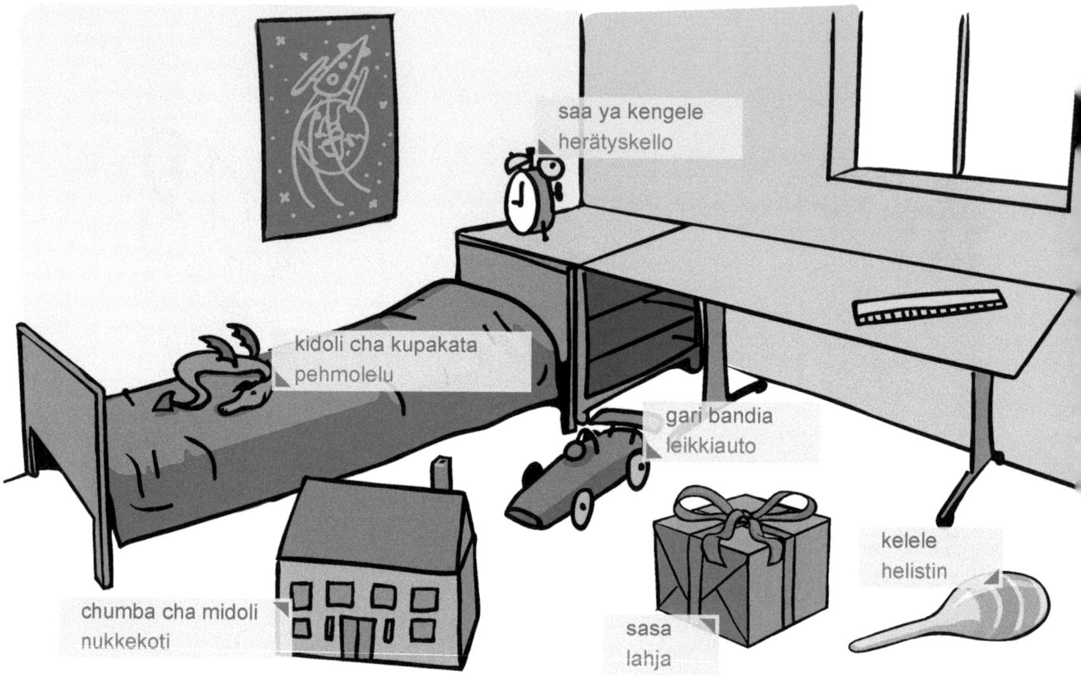
saa ya kengele
herätyskello
kidoli cha kupakata
pehmolelu
gari bandia
leikkiauto
kelele
helistin
chumba cha midoli
nukkekoti
sasa
lahja

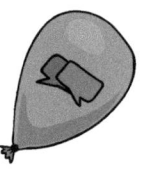

baluni
ilmapallo

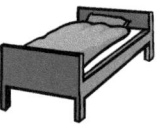

kitanda
sänky

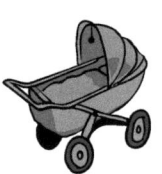

mashua
lastenvaunut

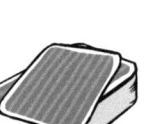

staha ya kadi
korttipeli

mchezo-fumb
palapeli

SUPER MEGA

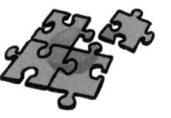

vichekesho
sarjakuva

matofali lego

legopalikat

vitalu mwigo

rakennuspalikat

hatua takwimu

supersankari

suti ya kulalia

potkupuku

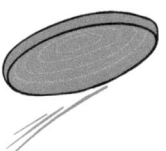

kisahani

frisbee

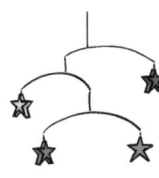

simu

mobile

ubao wa michezo

lautapeli

kete

noppa

garimoshi mwigo

pienoisjunarata

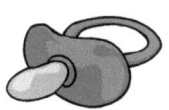

dummy

tutti

chama

juhlat

picha kitabu

kuvakirja

mpira

pallo

kikaragosi

nukke

kucheza

leikkiä

shimo la mchanga

hiekkalaatikko

bembea

keinu

vitu bandia

lelut

kiweko cha video ya mchezo

pelikonsoli

baiskeli ya magurudumu

kolmipyörä

matatu

mwanasesere

nalle

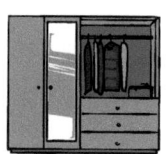

kabati

vaatekaappi

nguo

vaatteet

soksi

sukat

stokingi

nylonsukat

kibano

sukkahousut

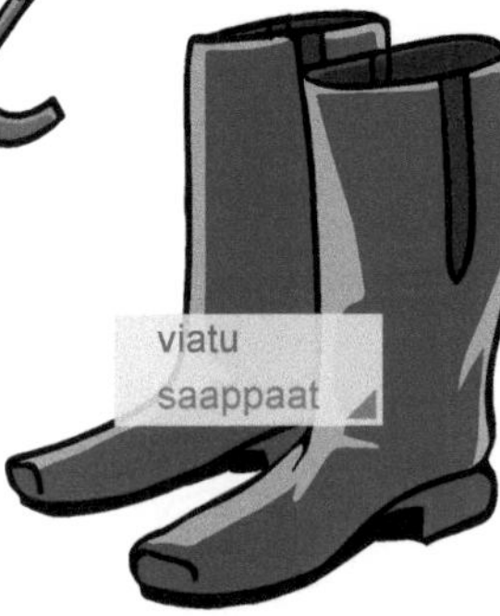

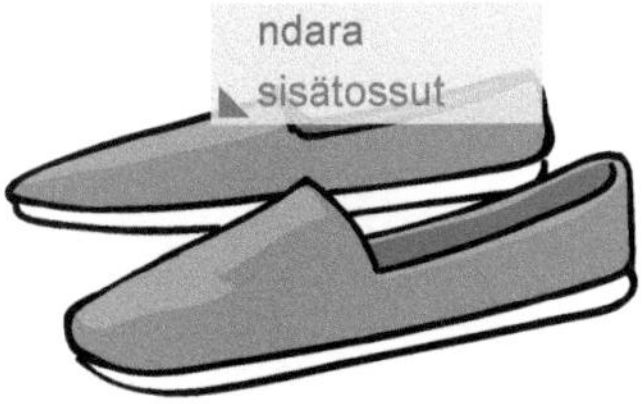

skafu
kaulaliina

mwavuli
sateenvarjo

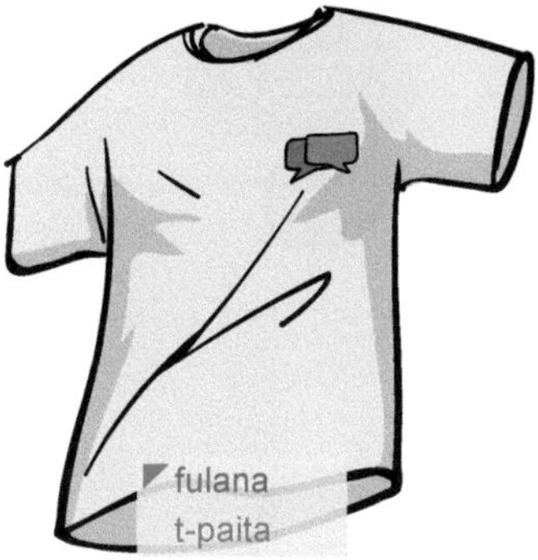

ukanda
vyö

fulana
t-paita

viatu
saappaat

ndara
sisätossut

wakufunzi
lenkkarit

malapa
....
sandaalit

viatu
....
kengät

mabuti ya mpira
....
kumisaappaat

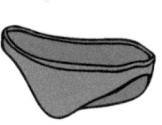

suruali ya ndani
....
alushousut

sidiria
....
rintaliivit

fulana
....
aluspaita

mwili

body

suruali

housut

dangirizi

farkut

sketi

hame

blauzi

pusero

shati

paita

vuta

villapaita

sweta

collegepaita

bleza

jakku

jaketi

takki

koti

takki

koti la mvua

sadetakki

maleba

puku

gauni

mekko

mavazi ya harusi

hääpuku

suti

puku

vazi la usiku

yöpaita

pajama

pyjama

sari

shari

skafu

päähuivi

kilemba

turbaani

burka

burka

kaftan

kaftaani

abaya

abaya

vazi la kuogelea

uimapuku

vazi la kiume la kuogelea

uimahousut

kaptura

shortsit

teitei

verkkarit

aproni

esiliina

glavu

käsineet

kifungo

nappi

glasi

silmälasit

bangili

rannekoru

mkufu

kaulakoru

pete

sormus

herini

korvakoru

kofia

lippalakki

kiango cha koti

ripustin

kofia

hattu

tai

solmio

zipu

vetoketju

kofia

kypärä

kanda za suruali

henkselit

sare za shule

koulupuku

sare

univormu

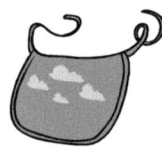

bibu

ruokalappu

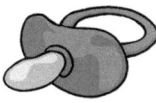

dummy

tutti

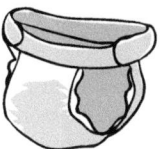

nepi

vaippa

ofisi
toimisto

seva
palvelin
kabati la kuweka faili
asiakirjakaappi
karatasi
paperi
kichapishaji
tulostin
kiwambo
näyttö
kipanya
hiiri
dawati
kirjoituspöytä
folda
kansio
kibodi
näppäimistö
pu cha kuweka karatasi chafu
akori
kiti
tuoli
kompyuta
tietokone

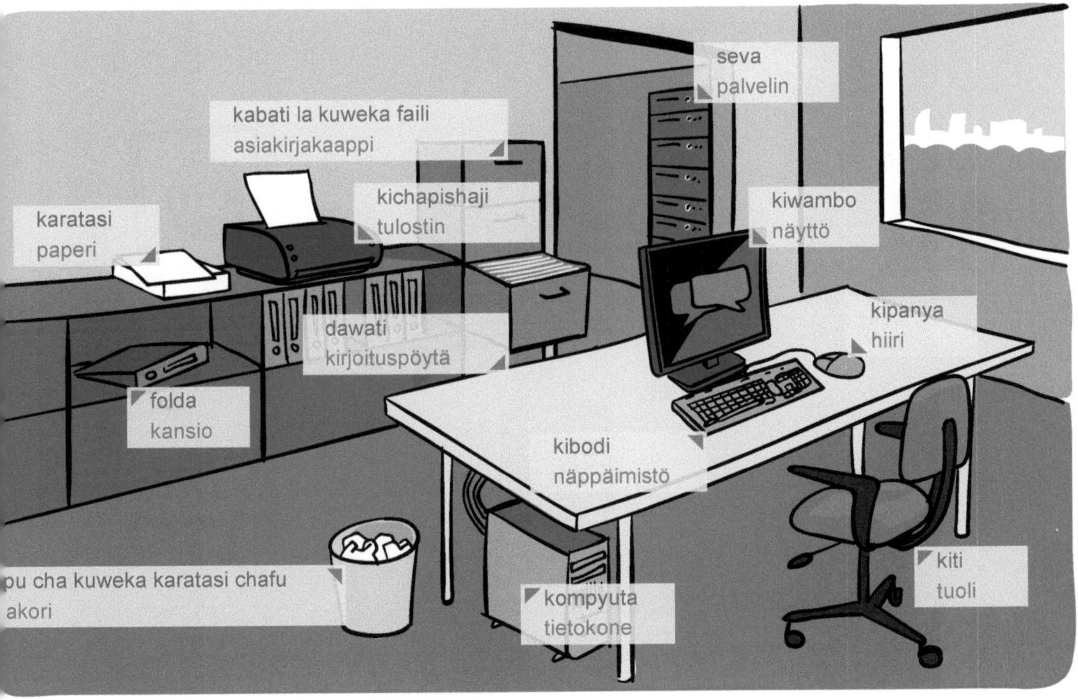

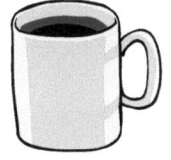

kmobe la kahawa

kahvimuki

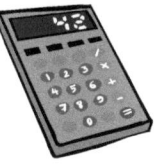

kikokotoo

taskulaskin

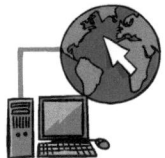

biashara

internet

mbali

kannettava tietokone

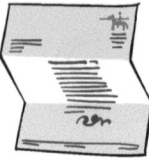

barua

kirje

ujumbe

viesti

rununu

kännykkä

intaneti

verkko

fotokopia

kopiokone

programu

ohjelmisto

simu

puhelin

soketi

pistorasia

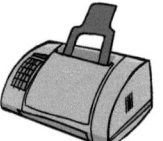

kipepesi

faksi

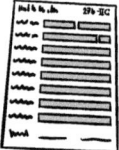

fomu

lomake

hati

asiakirja

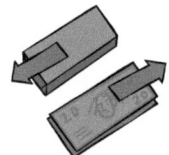

kununua

ostaa

kulipa

maksaa

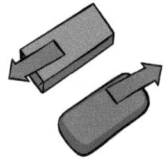

biashara

vaihtaa

fedha

raha

dola

dollari

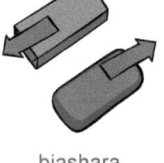 

yuro

euro

yeni

jeni

rouble

rupla

faranga ya Uswisi

frangi

renminbi yuan

renminbi juan

rupia

rupia

eneo la kulipia

pankkiautomaatti

ofisi ya ubadilishanaji

rahanvaihto

dhahabu

kulta

fedha

hopea

mafuta

öljy

nishati

energia

bei

hinta

mkataba

sopimus

kodi

vero

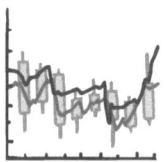

bidhaa

osake

kazi

työskennellä

mfanyakazi

työntekijä

mwajiri

työnantaja

kiwanda

tehdas

duka

liike

afisa wa polisi
poliisi

mzimamoto
palomies

mpishi
kokki

daktari
lääkäri

rubani
lentäjä

mtunza bustani

puutarhuri

seremala

puuseppä

mshonaji

ompelija

hakimu

tuomari

mwanakemia

kemisti

muigizaji

näyttelijä

dereva wa basi

linja-autonkuljettaja

dereva wa teksi

taksinkuljettaja

mvuvi

kalastaja

mwanamke wa kusafisha

siivooja

mwezekaji

katontekijä

mhudumu

tarjoilija

mwindaji

metsästäjä

mchoraji

maalari

mwokaji

leipuri

umeme

sähköasentaja

mjenzi

rakentaja

mhandisi

insinööri

mchinjaji

teurastaja

fundi bomba

putkiasentaja

mwanaposta

postinjakaja

mwanajeshi

sotilas

msanifu majengo

arkkitehti

keshia

kassanhoitaja

muuza maua

floristi

msusi

kampaaja

kondakta

konduktööri

mekanika

mekaanikko

nahodha

kapteeni

daktari wa meno

hammaslääkäri

mwanasayansi

tiedemies

rabbi

rabbi

imamu

imaami

mtawa

munkki

kasisi

pappi

kazi - ammatit

zana
työkalut

nyundo
vasara
koleo
pihdit
bisibisi
ruuvimeisseli
spana
jakoavain
kurunzi
taskulamppu

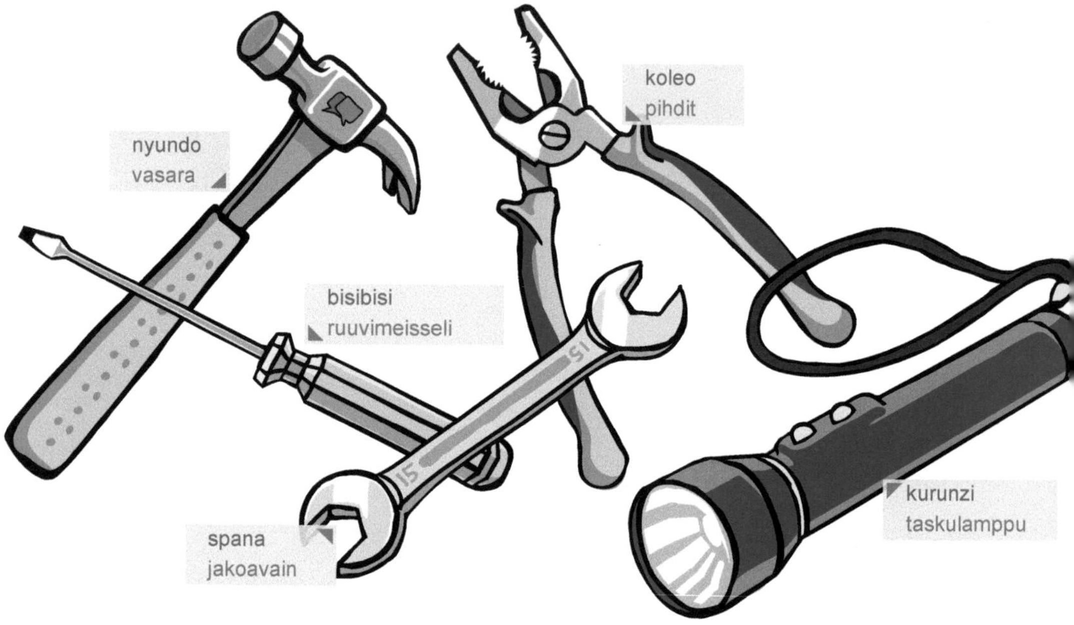

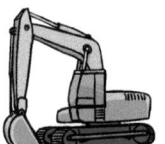

mchimbaji

kaivinkone

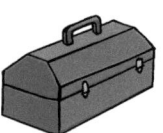

sanduku la vifaa

työkalupakki

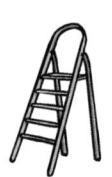

ngazi

tikkaat

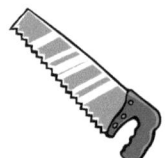

msumeno

saha

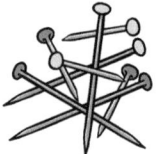

misumari

naulat

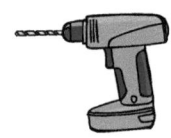

kuchimba visima

pora

kukarabati
korjata

sepetu
lapio

Lo!
Hitto!

kishikio cha uchafu
rikkalapio

chungu cha rangi
maalipurkki

skurubu
ruuvit

ala za muziki
soittimet

spika
kaiuttimet

mpangilio wa ngoma
rummut

gita
kitara

besi mara mbili
kontrabasso

tarumbeta
trumpetti

piano
piano

fidla
viulu

ubeji
basso

timpani
patarummut

ngoma
rumpu

kibodi
kosketinsoitin

saksafoni
saksofoni

filimbi
huilu

maikrofoni
mikrofoni

bustani ya wanyama

eläintarha

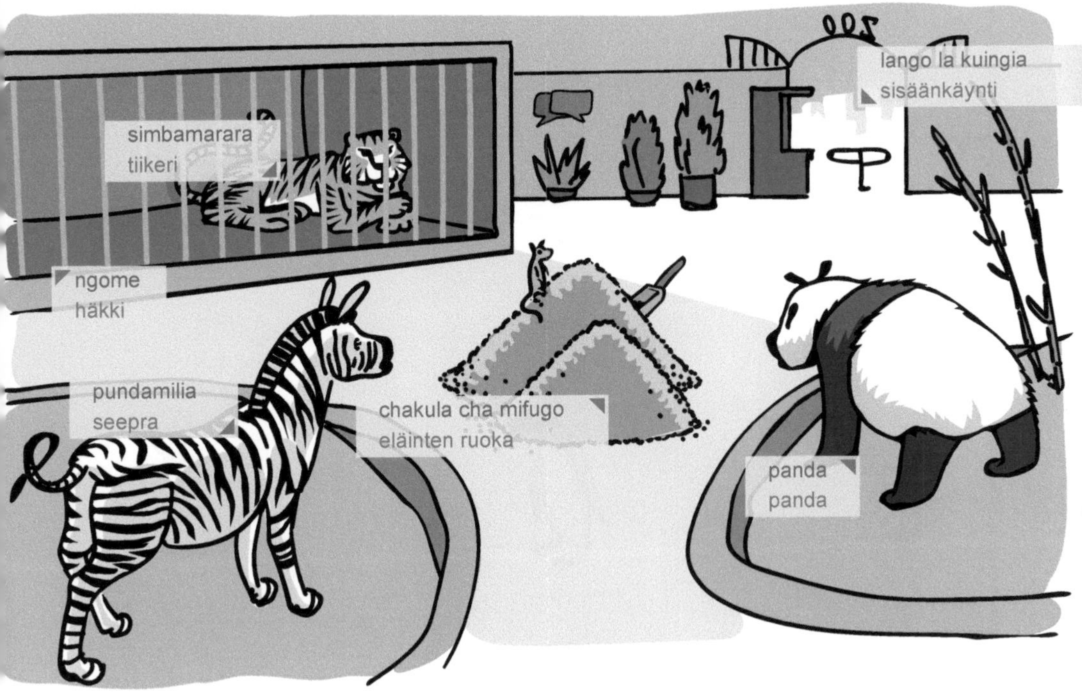
lango la kuingia
sisäänkäynti
simbamarara
tiikeri
ngome
häkki
pundamilia
seepra
chakula cha mifugo
eläinten ruoka
panda
panda

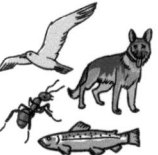

wanyama

eläimet

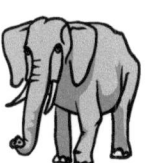

tembo

norsu

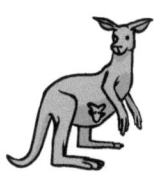

kangaruu

kenguru

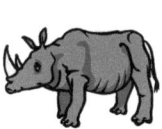

kifaru

sarvikuono

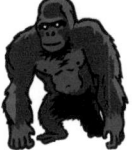

sokwe

gorilla

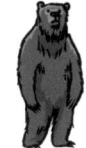

dubu

karhu

ngamia

kameli

mbuni

strutsi

simba

leijona

tumbili

apina

heroe

flamingo

kasuku

papukaija

dubu

jääkarhu

penguini

pingviini

papa

hai

tausi

riikinkukko

nyoka

käärme

mamba

krokotiili

mtunza wanyama

eläintarhanhoitaja

muhuri

hylje

jaguar

jaguaari

mwanafarasi

poni

chui

leopardi

kiboko

virtahepo

twiga

kirahvi

tai

kotka

nguruwe mwitu

villisika

samaki

kala

kobe

kilpikonna

sili

mursu

mbweha

kettu

paa

gaselli

soka ya marekani
amerikkalainen jalkapallo

uendeshaji baiskeli
pyöräily

tenisi
tennis

mpira wa kikapu
koripallo

kuogelea
uinti

ndondi
nyrkkeily

magongo ya barafuni
jääkiekko

soka
jalkapallo

vinyoya
sulkapallo

riadha
yleisurheilu

mpira wa mikono
käsipallo

skii
hiihto

polo
poolo

shughuli
aktiviteetit

cheka
nauraa
kuruka
hypätä
kumbatia
halata
kutembea
kävellä
kuimba
laulaa
ota ndoto
unelmoida
kuomba
rukoilla
busu
suudella

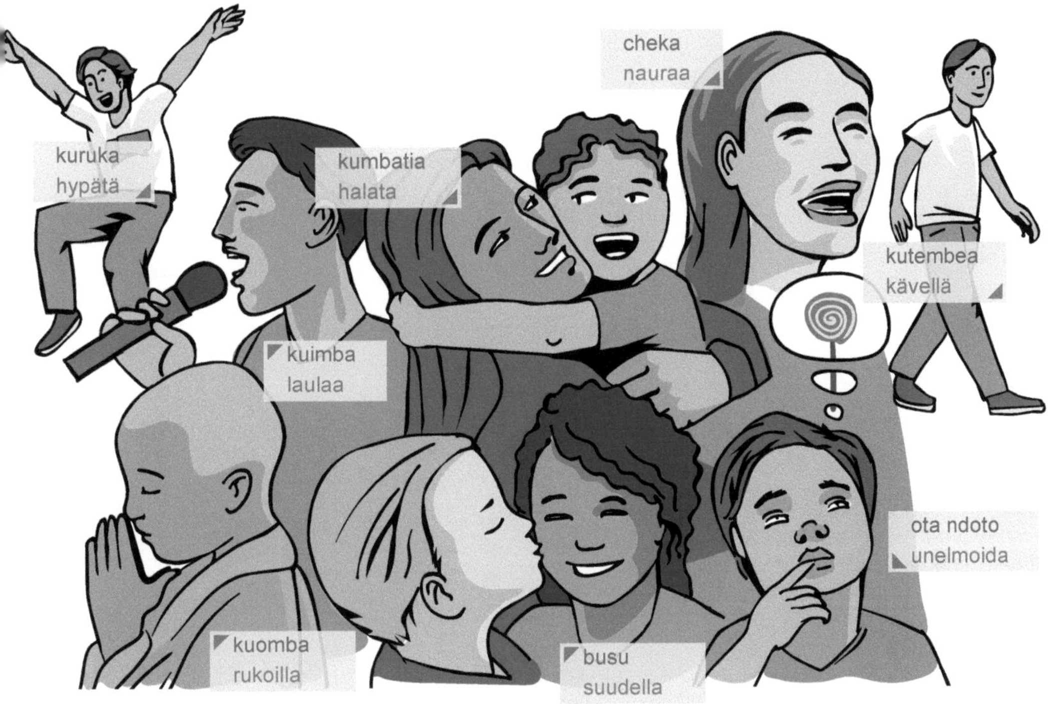

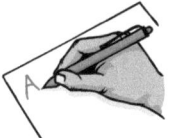

kuandika

kirjoittaa

kuteka

piirtää

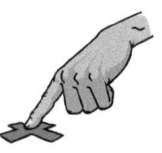

angalia

näyttää

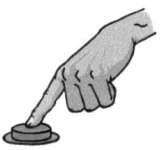

sukuma

painaa

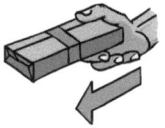

kutoa

antaa

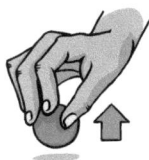

kuchukua

ottaa

kuwa

omistaa

fanya

tehdä

kuwa

olla

kusimama

seisoa

kukimbia

juosta

vuta

vetää

kutupa

heittää

kuanguka

kaatua

hadaa

maata

kusubiri

odottaa

kubeba

kantaa

kukaa

istua

vaa nguo

pukeutua

usingizi

nukkua

kuamka

herätä

kuangalia

katsoa

lia

itkeä

kiharusi

silittää

chana nywele

kammata

ongea

puhua

kuelewa

ymmärtää

kuuliza

kysyä

kusikiliza

kuunnella

kunywa

juoda

kula

syödä

nadhifisha

siivota

upendo

rakastaa

mpishi

keittää

gari

ajaa

kuruka

lentää

shughuli - aktiviteetit

meli
purjehtia

kokotoa
laskea

kusoma
lukea

kujifunza
oppia

kazi
työskennellä

kuoa
mennä naimisiin

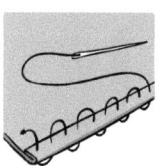

kushona
ommella

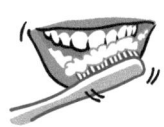

piga mswaki
pestä hampaat

kuua
tappaa

moshi
tupakoida

kutuma
lähettää

bibi
mummo

babu
ukki

baba
isä

mama
äiti

mtoto
vauva

binti
tytär

bin
poika

mgeni

vieras

shangazi

täti

mjomba

setä

kaka

veli

dada

sisko

mwili
vartalo

paji la uso
otsa
jicho
silmä
bega
olkapää
kidole
sormet
uso
kasvot
kidevu
leuka
mkono
käsi
mguu
jalka
matiti
rinta
mkono
käsivarsi

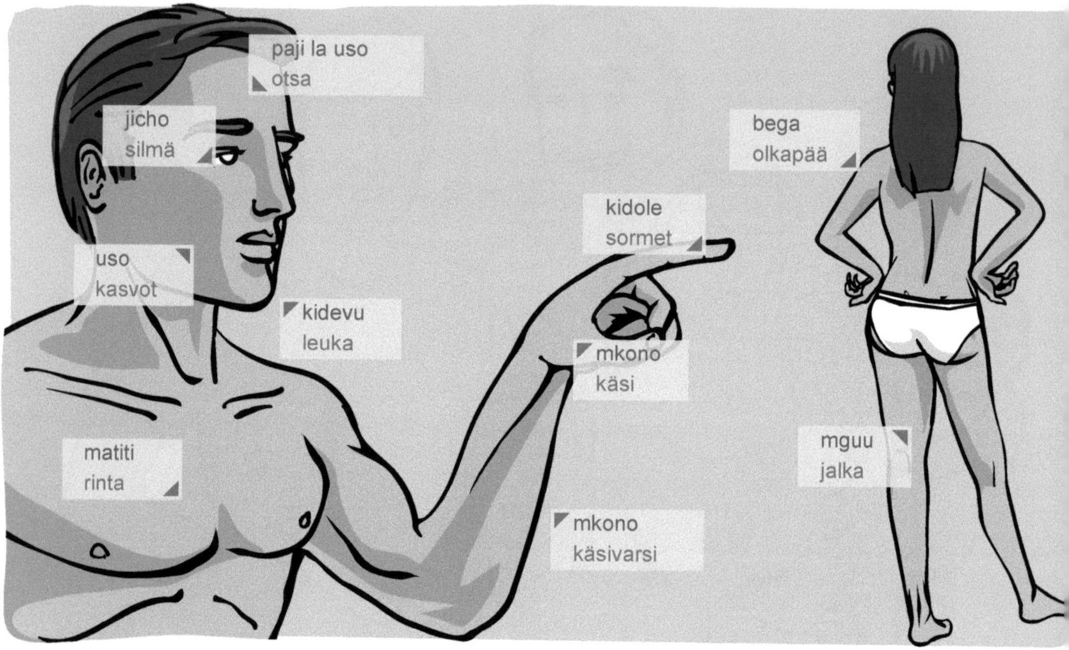

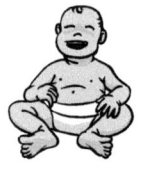

mtoto

vauva

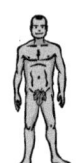

mwanamume

mies

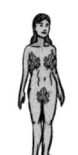

mwanamke

nainen

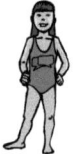

msichana

tyttö

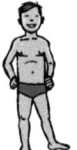

mvulana

poika

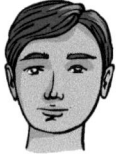

kichwa

pää

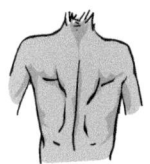

nyuma
selkä

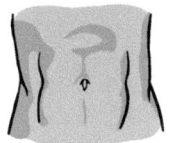

tumbo
maha

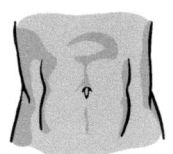

kitovu
napa

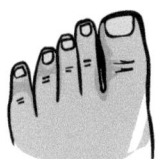

chano
varvas

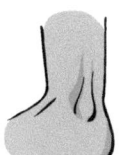

kisigino
kantapää

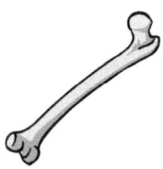

mfupa
luu

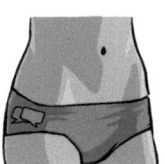

nyonga
lantio

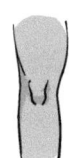

goti
polvi

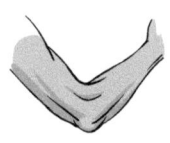

kiwiko
kyynärpää

pua
nenä

chini
takapuoli

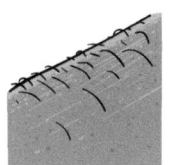

ngozi
iho

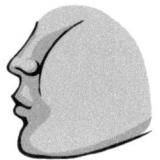

shavu
poski

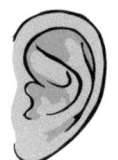

sikio
korva

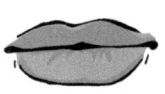

mdomo
huuli

kinywa
suu

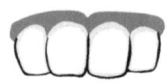

jino
hammas

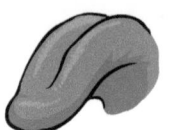

ulimi
kieli

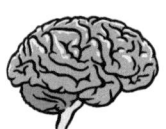

ubongo
aivot

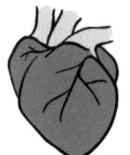

moyo
sydän

misuli
lihas

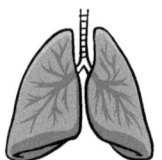

pafu
keuhkot

ini
maksa

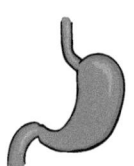

tumbo
vatsa

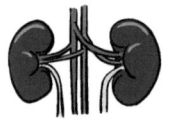

figo
munuaiset

jinsia
seksi

kondomu
kondomi

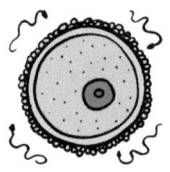

ovari
munasolu

shahawa
sperma

mimba
raskaus

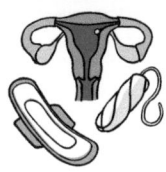

hedhi
....
kuukautiset

uke
....
vagina

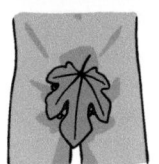

uume
....
penis

unyusi
....
kulmakarvat

nywele
....
hiukset

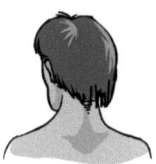

shingo
....
niska

hospitali
sairaala

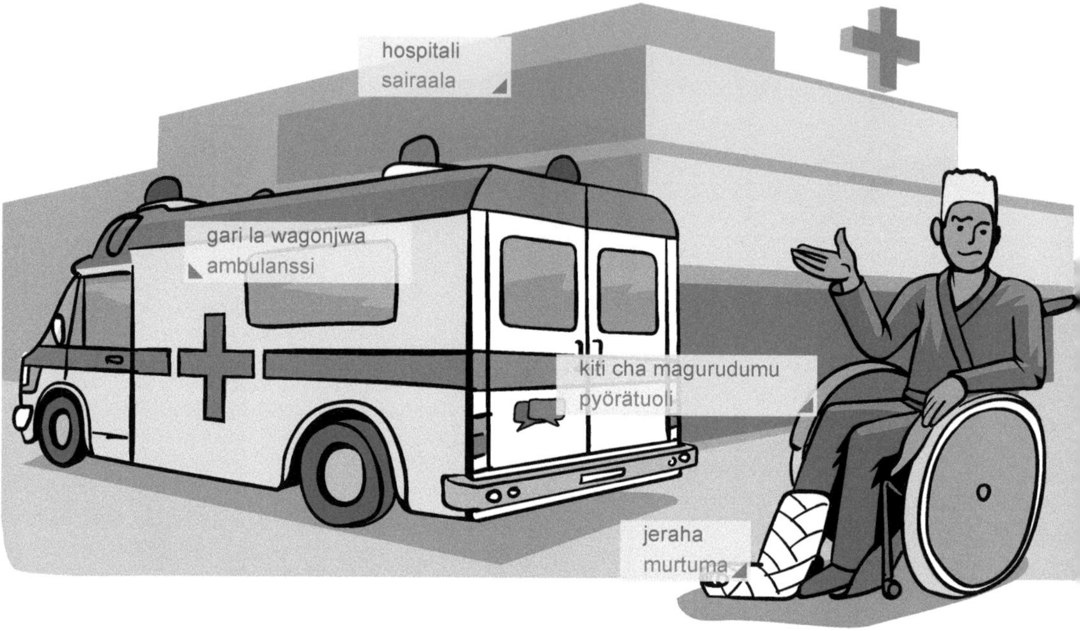

hospitali
sairaala
gari la wagonjwa
ambulanssi
kiti cha magurudumu
pyörätuoli
jeraha
murtuma

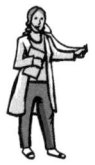

daktari

lääkäri

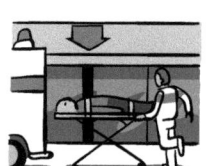

chumba cha dharura

ensiapu

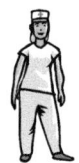

muuguzi

sairaanhoitaja

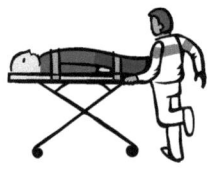

dharura

hätätilanne

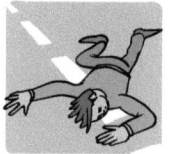

kupoteza fahamu

tajuton

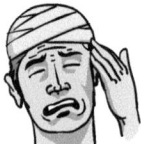

maumivu

kipu

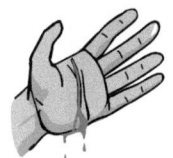

kuumia

vamma

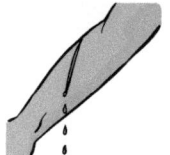

kutokwa na damu

verenvuoto

mshtuko wa moyo

sydänkohtaus

kiharusi

aivoinfarkti

mzio

allergia

kikohozi

yskä

homa

kuume

mafua

flunssa

kuharisha

ripuli

maumivu ya kichwa

päänsärky

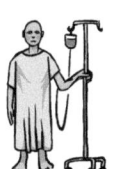

kansa

syöpä

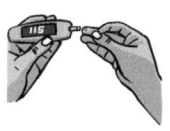

ugonjwa wa kisukari

diabetes

daktari mpasuaji

kirurgi

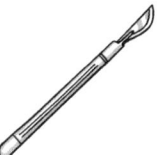

kisu kidogo cha kupasulia

veitsi

operesheni

leikkaus

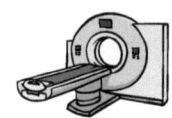

picha changanufu ya mwili

ct

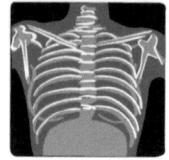

Eksrei

röntgen

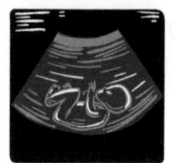

mawimbi sauti

ultraääni

barakoa ya uso

maski

ugonjwa

sairaus

chumba cha kusubiri

odotushuone

mkongojo

sauva

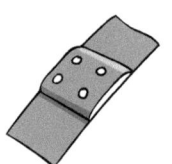

plasta

laastari

bendeji

side

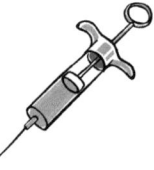

sindano

pistos

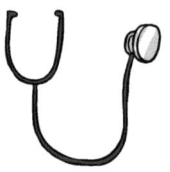

stetoskopu

stetoskooppi

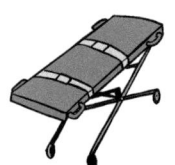

machela

paarit

kipimajoto cha kliniki

kuumemittari

kuzaliwa

syntymä

unene kupita kiasi

ylipaino

hospitali - sairaala

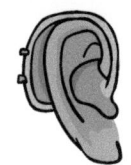

kusikia misaada

kuulolaite

kipukusi

desinfiointiaine

maambukizi

infektio

virusi

virus

VVU / UKIMWI

HIV / AIDS

dawa

lääke

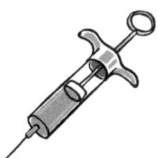

chanjo

rokotus

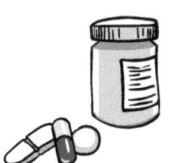

vidonge

tabletit

kidonge

pilleri

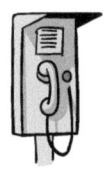

simu ya dharura

hätäpuhelu

haemodainamometa

verenpainemittari

mgonjwa / mwenye afya

sairas / terve

Msaada!

Apua!

kengele

hälytys

pigo

ryöstö

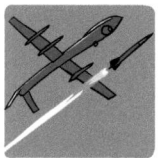

shambulizi

hyökkäys

hatari

vaara

lango la dharura

hätäuloskäynti

Moto!

Tulipalo!

kizima moto

palosammutin

ajali

onnettomuus

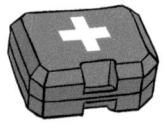

vifaa vya huduma ya kwanza

ensiapulaukku

wito wa msaada

SOS

polisi

poliisilaitos

Ulaya

Eurooppa

Amerika ya Kaskazini

Pohjois-Amerikka

Amerika ya Kusini

Etelä-Amerikka

Afrika

Afrikka

Asia

Aasia

Australia

Australia

Atlantiki

Atlantin valtameri

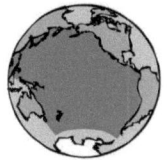

Pasifiki

Tyynimeri

Bahari ya Hindi

Intian valtameri

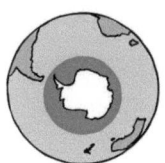

Bahari ya Antaktiki

Eteläinen jäämeri

Bahari ya Aktiki

Pohjoinen jäämeri

Ncha ya Kaskazini

pohjoisnapa

Ncha ya Kusini
etelänapa

Antaktika
Antarktis

dunia
maa

nchi
maa

bahari
meri

kisiwa
saari

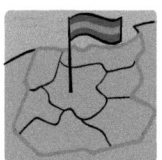

taifa
kansa

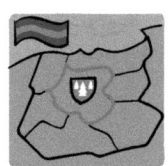

jimbo
osavaltio

uso wa saa

kellotaulu

akrabu ya saa

tuntiviisari

akrabu ya dakika

minuuttiviisari

akrabu ya sekunde

sekuntiviisari

Ni saa ngapi?

Paljonko kello on?

siku

päivä

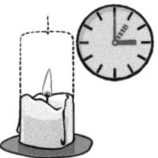

wakati

aika

sasa

nyt

saa ya dijitali

digitaalikello

dakika

minuutti

saa

tunti

wiki

viikko

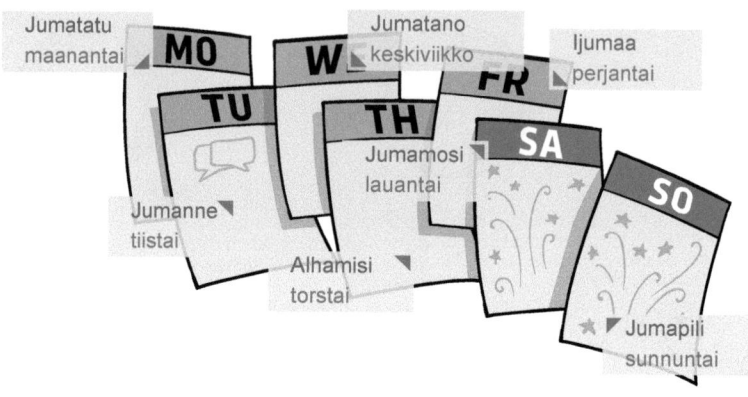

Jumatatu maanantai
Jumatano keskiviikko
Ijumaa perjantai
Jumanne tiistai
Jumamosi lauantai
Alhamisi torstai
Jumapili sunnuntai

jana
eilen

leo
tänään

kesho
huomenna

asubuhi
aamu

saa sita mchana
keskipäivä

jioni
ilta

siku za biashara
työpäivät

mwishoni mwa wiki
viikonloppu

mvua
sade

upinde wa mvua
sateenkaari

theluji
lumi

upepo
tuuli

majira ya machipuko
kevät

vuli
syksy

kiangazi
kesä

majira ya baridi
talvi

4.APRIL	11°	☀
5.APRIL	4°	⛆
6.APRIL	13°	⛆
7.APRIL	8°	☀
8.APRIL	10°	☀

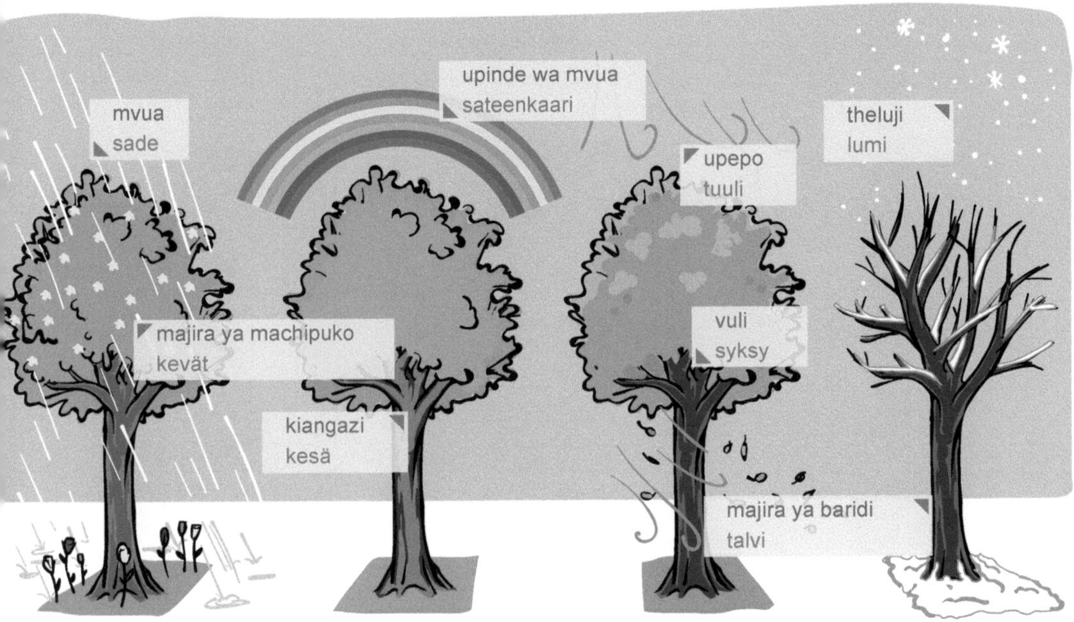

utabiri wa hali ya hewa
·················
sääennuste

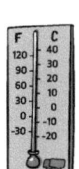

kipimajoto
·················
lämpömittari

mwanga wa jua
·················
auringonpaiste

wingu
·················
pilvi

ukungu
·················
sumu

unyevu
·················
ilmankosteus

umeme

salama

radi

ukkonen

dhoruba

myrsky

mvua ya mawe

rae

monsuni

monsuuni

mafuriko

tulva

barafu

jää

Januari

tammikuu

Februari

helmikuu

Machi

maaliskuu

Aprili

huhtikuu

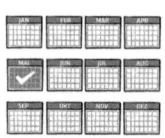

Mei

toukokuu

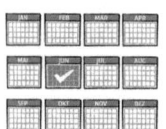

Juni

kesäkuu

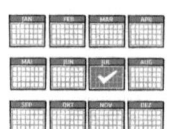

Julai

heinäkuu

Agosti

elokuu

mwaka - vuosi

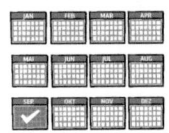

Septemba

syyskuu

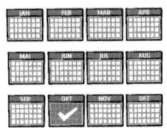

Oktoba

lokakuu

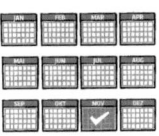

Novemba

marraskuu

Desemba

joulukuu

maumbo

muodot

mduara

ympyrä

mraba

neliö

mstatili

suorakulmio

pembetatu

kolmio

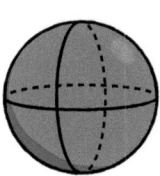

nyanja

pallo

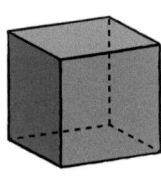

mchemraba

kuutio

nyeupe

valkoinen

manjano

keltainen

chungwa

oranssi

rangi ya waridi

vaaleanpunainen

nyekundu

punainen

hudhurungi

violetti

bluu

sininen

kijani

vihreä

hanja

ruskea

jivujivu

harmaa

nyeusi

musta

mengi / kidogo

paljon / vähän

hasira / pole

vihainen / ystävällinen

nzuri / mbaya

kaunis / ruma

mwanzo / mwisho

alku / loppu

kubwa / ndogo

suuri / pieni

angavu / giza

vaalea / tumma

kaka / dada

veli / sisko

safi / chafu

puhdas / likainen

kamilika / tokamilika

täydellinen / epätäydellinen

siku / usiku

päivä / yö

wafu / hai

kuollut / elävä

pana / nyembamba

leveä / kapea

kulika / kutolika

syötävä / syömäkelvoton

ovu / ema

paha / kiltti

sisimkwa / udhika

innostunut / tylsistynyt

nene / nyembamba

lihava / laiha

kwanza / mwisho

ensimmäinen / viimeinen

rafiki / adui

ystävä / vihollinen

jaa / tupu

täysi / tyhjä

ngumu / laini

kova / pehmeä

nzito / nyepesi

painava / kevyt

njaa / kiu

nälkä / jano

mgonjwa / mwenye afya

sairas / terve

haramu / kisheria

laiton / laillinen

akili / kijinga

älykäs / tyhmä

kushoto / kulia

vasen / oikea

karibu / mbali

lähellä / kaukana

mpya / kutumika

uusi / käytetty

kitu / jambo

ei mitään / jotain

zee / changa

vanha / nuori

waka / zima

päällä / pois päältä

wazi / fungwa

auki / kiinni

utulivu / kelele

hiljainen / äänekäs

tajiri / masikini

rikas / köyhä

sahihi / kosa

oikein / väärin

mbaya / laini

karhea / sileä

huzunika / furahia

surullinen / iloinen

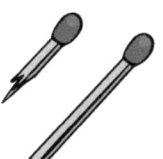

fupi /ndefu

lyhyt / pitkä

polepole / haraka

hidas / nopea

nyevu / kavu

märkä / kuiva

joto / baridi

lämmin / viileä

vita / amani

sota / rauha

0	**1**	**2**
sufuri	moja	mbili
nolla	yksi	kaksi

3	**4**	**5**
tatu	nne	tano
kolme	neljä	viisi

6	**7**	**8**
sita	saba	nane
kuusi	seitsemän	kahdeksan

9	**10**	**11**
tisa	kumi	kumi na moja
yhdeksän	kymmenen	yksitoista

12

kumi na mbili

kaksitoista

13

kumi na tatu

kolmetoista

14

kumi na nne

neljätoista

15

kumi na tano

viisitoista

16

kumi na sita

kuusitoista

17

kumi na saba

seitsemäntoista

18

kumi na nane

kahdeksantoista

19

kumi na tisa

yhdeksäntoista

20

ishirini

kaksikymmentä

100

mia

sata

1.000

elfu

tuhat

1.000.000

milioni

miljoona

Kiingereza

englanti

Kiingereza cha Marekani

amerikanenglanti

Kimandarini cha Uchina

mandariinikiina

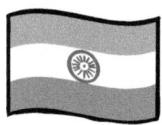

Kihindi

hindi

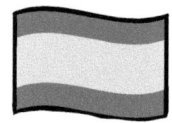

Kihispania

espanja

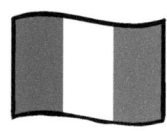

Kifaransa

ranska

Kiarabu

arabia

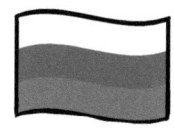

Kirusi

venäjä

Kireno

portugali

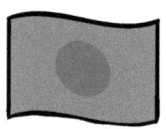

Kibengali

bengali

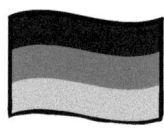

Kijerumani

saksa

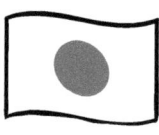

Kijapani

japani

mimi

minä

wewe

sinä

yeye / yeye / ni

hän

sisi

me

wewe

te

wao

he

nani?

kuka?

nini?

mitä / mikä?

jinsi gani?

miten?

wapi?

missä?

lini?

milloin?

jina

nimi

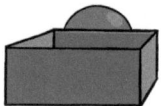

nyuma

takana

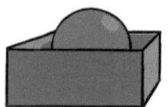

katika

sisällä

mbele ya

edessä

juu ya

yläpuolella

kwenye

päällä

chini ya

alapuolella

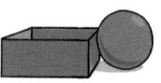

kando

vieressä

kati

välissä

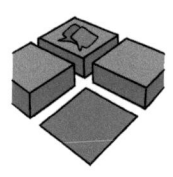

mahali

paikka